Licht ist Wärme

Licht ist Liebe

Licht ist Leben

Gemeinschaft ist Licht

Stille ist Licht

Weihnachten ist Licht

Tag für Tag viele Lichtblicke

wünschen wir Ihnen von Herzen

Ihre

Meike & Ute Menze

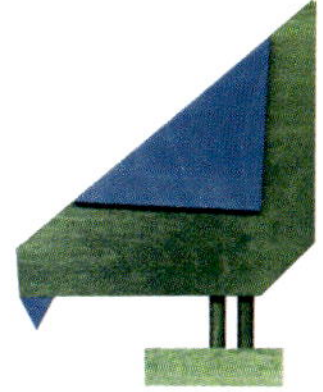

Nicolaus im Weihnachtsstress
Lichterengel

Weihnachtshaus

... und alle schauen raus!

Weihnachtssterne

Kranzband
Wintervögel

Ringel auf Reisen ...

Sternenband Bunt

Wo Wichtel wohnen ...
Grete, Hanni und
Fritz von Trotti

Sternenband Türkis
Lichterengel

Freundschaft

Zu dir kann ich kommen,
wenn ich nicht weiter weiß,
wenn der Blick
so sorgenverhangen ist,
daß ich meinen Weg nicht sehe.

Du nimmst dir Zeit.
Wenn es wichtig ist,
hast du immer reichlich davon.

Ein Gespräch mit dir
ist wie eine Kerze im dunklen Raum,
deren Schein auf eine Tür fällt,
die nach draußen führt.
Es wirkt oft wie ein starker Wind,
der den Nebel vertreibt.

Keine langen Erklärungen.
Du kennst mich und meine Geschichte.
Ich kann dort einsetzen,
wo es weh tut.

Auf glasklare Formulierungen
kommt es jetzt nicht an.
Ich kann es fließen lassen,
du hilfst schon beim Ordnen der Gedanken.

Und am Ende ist es irgendwie
nicht mehr so schwer wie vorher.
Ich sehe klarer,
bin mutiger
und kann weitergehen.

Ich danke dir, mein Freund.

Arndt H. Menze

Sternenfenster
Wiki im Weihnachtsstress

♡-lich
Willkommen

Blätterherz
Blätterband

Blätterherz

Gänseblümchen-kranz

Nähme ich Flügel der Morgenröte
und bliebe am äußersten Meer,
so würde auch dort deine Hand mich führen
und deine Rechte mich halten. Psalm 139, 9.10

Ich kann nie tiefer fallen als in Deine Hände.
Wenn auch alles mißlingt,
zu Dir kann ich kommen.
Ich kann scheitern,
nicht mithalten im Kampf des Alltags.
Du mißt mit anderem Maß.
Du bist treu.

Wie oft aber versuch' ich's ohne Dich,
geh' Dir aus dem Weg,
frage nicht nach Dir,
fliehe vor Deiner Nähe.

Doch Du,
Du läßt mich nicht los,
Deine Geduld mit mir ist grenzenlos,
Menschen verlassen mich,
Du bleibst.

Du hälst mich aus.
Du trägst mich durch
und läufst mir nach.
Wenn es sein muß,
bis ans äußerste Meer.

Arndt H. Menze

Lichterengel

Farbige Abbildung Seite 3

Lichterengel

Fenster Lichterengel ROT

gestickt mit V+H Garn

⊡ 2052 ⊞ GOLD ⊙ 3832 ⊘ 1105 ⊟ 3902 ⊑ 3512 ⊗ 1932 Knötchenstich

▣ 3042 für die Augen

Flügel, Schürze, Kleid und Schuhe werden jeweils im gleichen Ton umsteppt.
Die Äpfel im Korb und im Fenster werden im Plattstich in 2088 gestickt.
Die Pakete im Fenster werden abwechselnd in 1105 und gold im Steppstich gestickt. Sticken Sie , wie angedeutet die Lichtstrahlen im Steppstich um den Engel in gold und um das Fenster in 3832.
Sticken Sie erst die Kopfkontur und setzen Sie dann die Haare im Knötchenstich auf.
Der Mund wird im Steppstich in 2088 gestickt. Steppstich im Körbchen = gold
Apfelstiel und Blütenstand im Steppstich in 3902 sticken.

Materialverbrauch :

1,35 m Leinenband 11 cm breit Art. Nr. 1090/110/23 Deko Art.Nr. 1352

Säckchen Lichterengel ROT

Materialverbrauch :

0,30 m Leinenband 16 cm breit Art. Nr. 901/160

ca. 0,25 x 0,40 m rotkarierter Baumwollstoff

Farbige Abbildung Seite 10

Schleife Lichterengel Blau

gestickt mit DMC Fil-Fleur

Legende Engel :

⊡ 2950 ⊘ 2797 ▣ 2310

⊗ 2923 Haare ⊙ 2956

⊞ 2827 ⊟ silber

Achtung !! Die Schuhe werden ebenfalls in silber gestickt.
Steppstich Mund = 2666
Steppstich Körbchen und Schuhe = 2797
Äpfel im Plattstich = 2797
Stiele im Apfel im Steppstich = 2413
Flügel, Kleid und Schürze ton in ton umsteppen.
Lichtstrahlen in silber (wie angedeutet)

Legende Fenster :

⊞ 2797
⊙ 2501
⊟ 2503
⊑ 2413

Äpfel im Plattstich = 2797
Stiele im Steppst. = 2413 (Apfelstiele und Blütenstand)
je zwei Pakete in 2666, silber und 2501 im Plattstich sticken
Steppstich Pakete = 2413
Lichtstrahlen um das Fenster = 2797 (wie angedeutet)

Materialverbrauch :

1,35 m Leinenband 12 cm breit Art.Nr. 901/120
Deko Art.Nr. 1353

Farbige Abbildung Seite 4

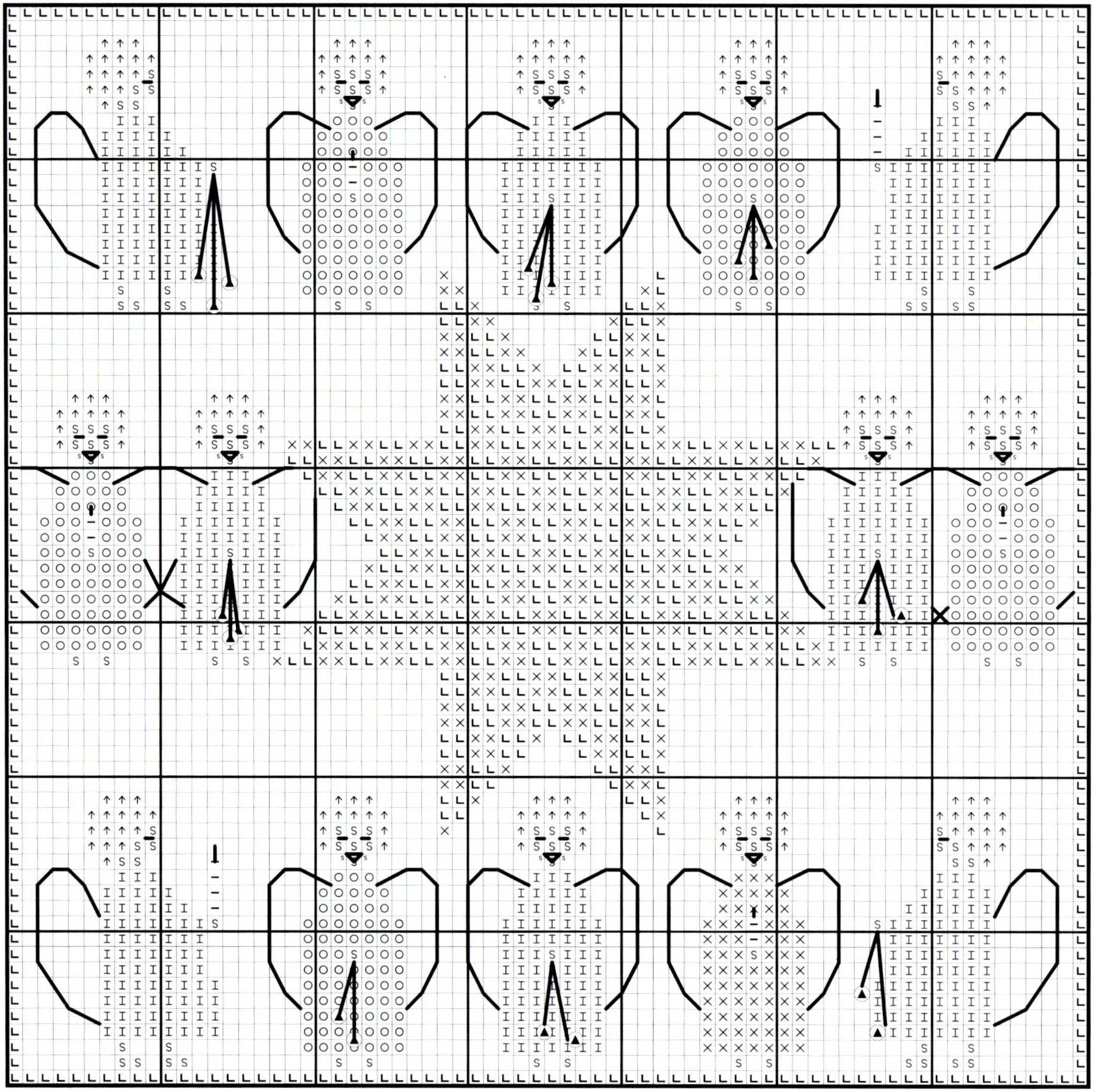

Weihnachtsschau

... und alle schauen raus!

↑ 1932	L 1009	X 1485	Steppstich Flügel und Bänder in gold
S 2052	– gold	▲ goldene Knötchen	Steppstich Mund = 1105 Kerzendocht = 3042
I 1105	O 2089		Steppstich Augen = 3042

Farbige Abbildung Seite 3, 4, 12

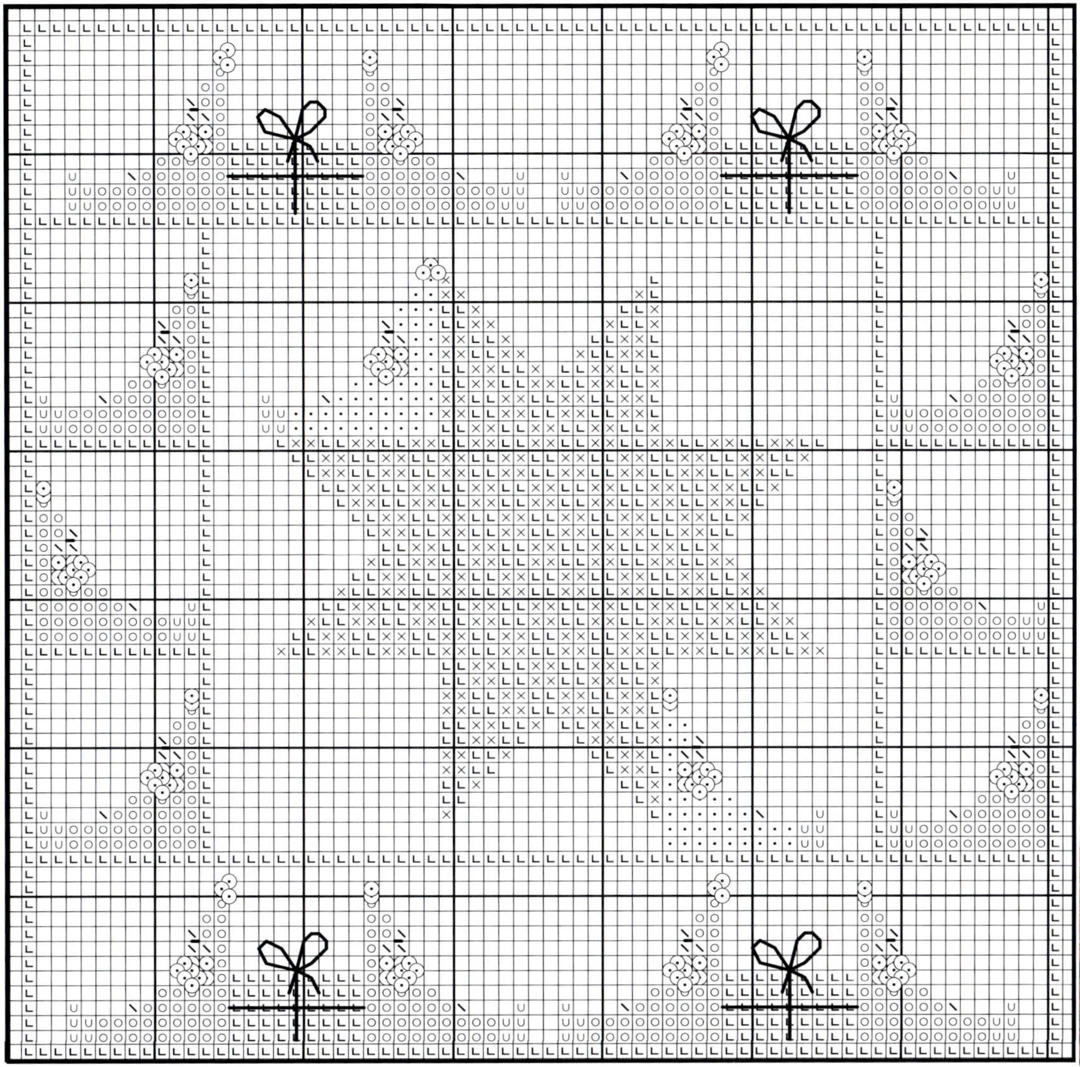

Nicolaus im Weihnachtsstress

Legende Bild im Rahmen Seite 3 und für Behang Weihnachtshaus Seite 4.

Rot Größe des Bildes ca. 12 x 12 cm

gestickt auf 12-fäd. Naturleinen mit deutschem Baumwollgarn V+H /Behang auf 11-fäd. Leinenband 20 cm breit

o 1105	× 1485	\ 2052	u 3042	· 1105	L 1009	⊙ 3006 Knötchen sehr dicht !!

Steppstich Pakete = Gold Steppstich Auge = schwarz

Deko Art.Nr. 1346 (Rahmen und Dekoration)

Farbige Abbildung Seite 4

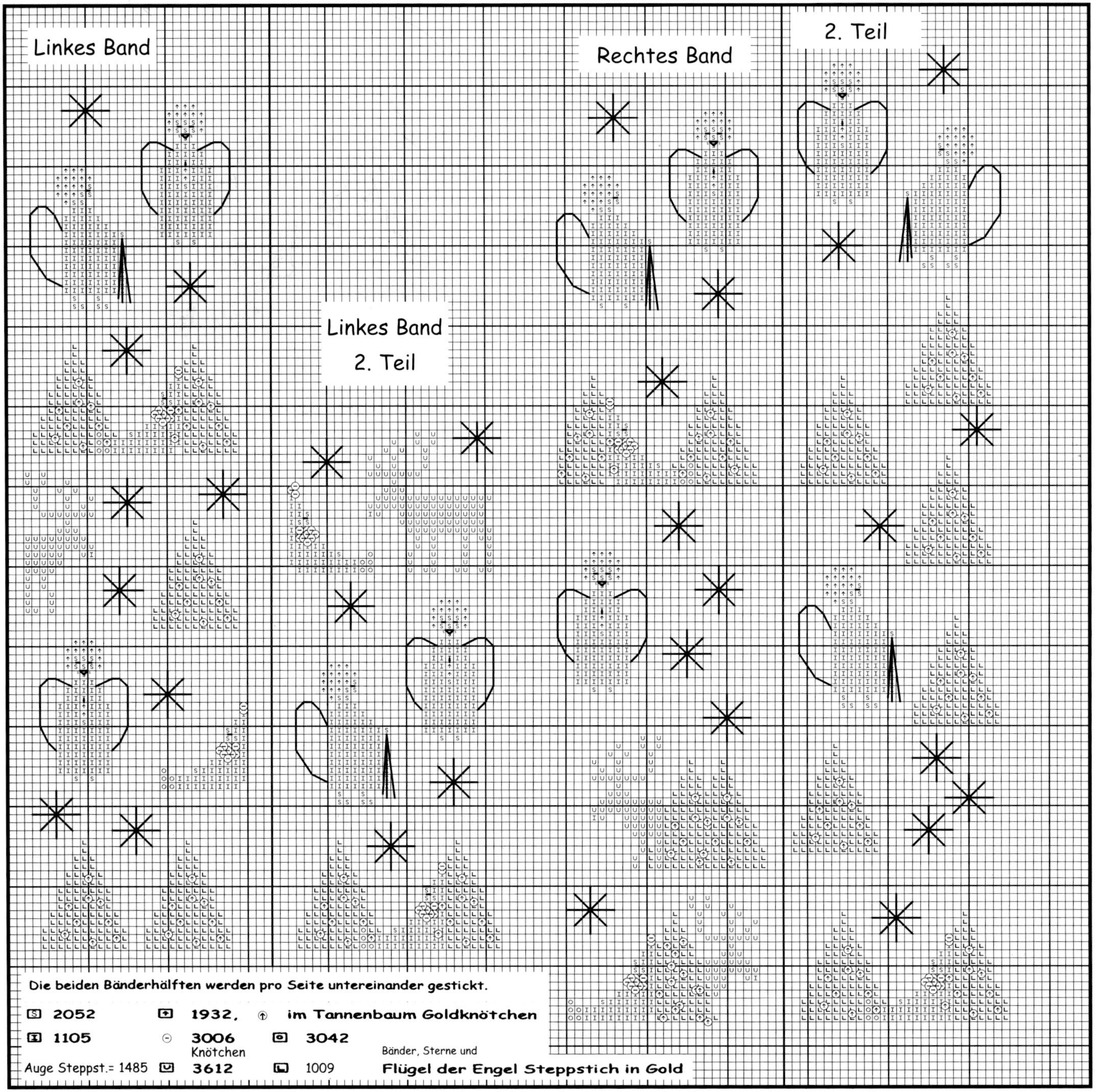

Farbige Abbildung Seite 4

Nähskizze zum Weihnachtshaus:

Gesamtlänge des Behanges ca. 88 cm.

Saumumschlag oben ca. 7 cm, unten ca. 3 cm.

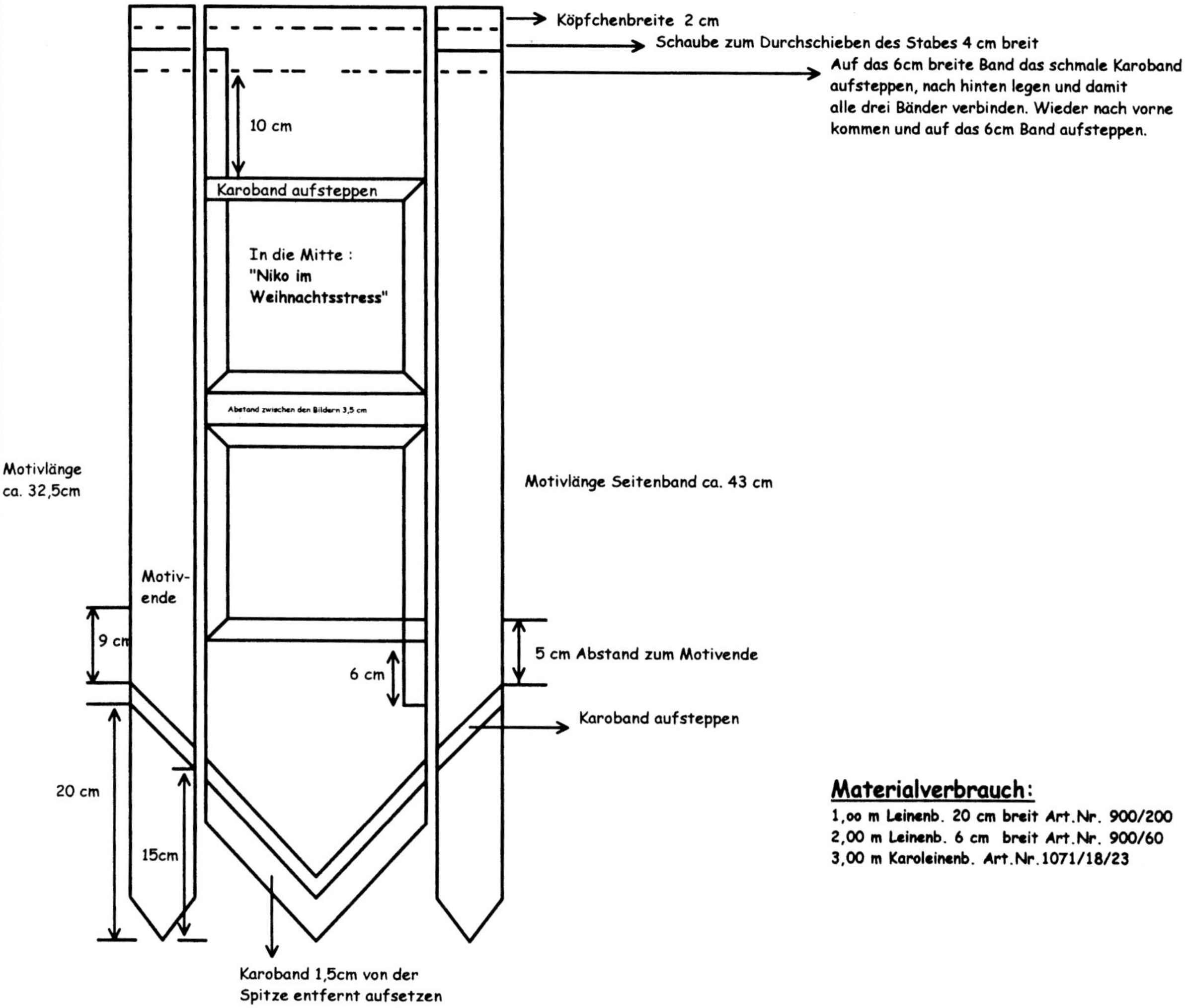

<u>Materialverbrauch:</u>

1,oo m Leinenb. 20 cm breit Art.Nr. 900/200
2,00 m Leinenb. 6 cm breit Art.Nr. 900/60
3,00 m Karoleinenb. Art.Nr.1071/18/23

"Nikolaus im Weihnachtsstress" Blaues Bild Größe ca. 12 x 12 cm, gestickt auf 12-fäd.gebl.Leinen mit V+H Garn

Farbige Abb. Seite 12

Das Muster entnehmen Sie bitte dem Weihnachtshaus, Legende für blau nachfolgend:

□2071 ▣ 3042 ◘ 1009 ▣ 2071 ⊠ 2071 ▣ 3905 ✿ 3303 Knötchen sehr dicht ⧅ 2051
Steppstiche Pakete = silber Steppstich Auge = schwarz Deko Art.Nr. 1345 (Rahmen und Dekoration)

Farbige Abbildung Seite 5

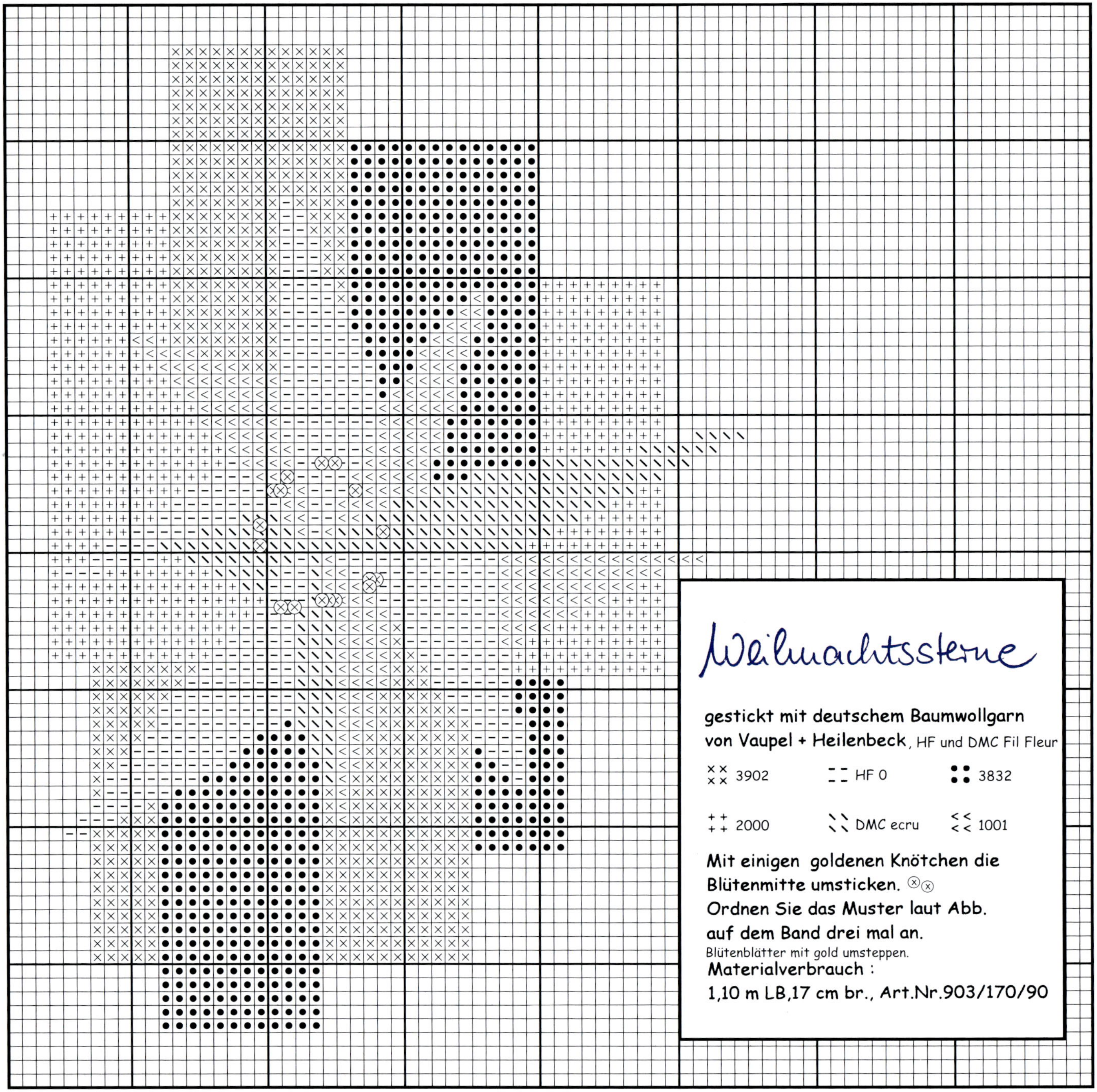

Weihnachtssterne

gestickt mit deutschem Baumwollgarn von Vaupel + Heilenbeck, HF und DMC Fil Fleur

×× 3902	– – HF 0	●● 3832
++ 2000	\\ DMC ecru	<< 1001

Mit einigen goldenen Knötchen die Blütenmitte umsticken. ⊗⊗

Ordnen Sie das Muster laut Abb. auf dem Band drei mal an.

Blütenblätter mit gold umsteppen.

Materialverbrauch :

1,10 m LB,17 cm br., Art.Nr.903/170/90

Farbige Abbildung Seite 6

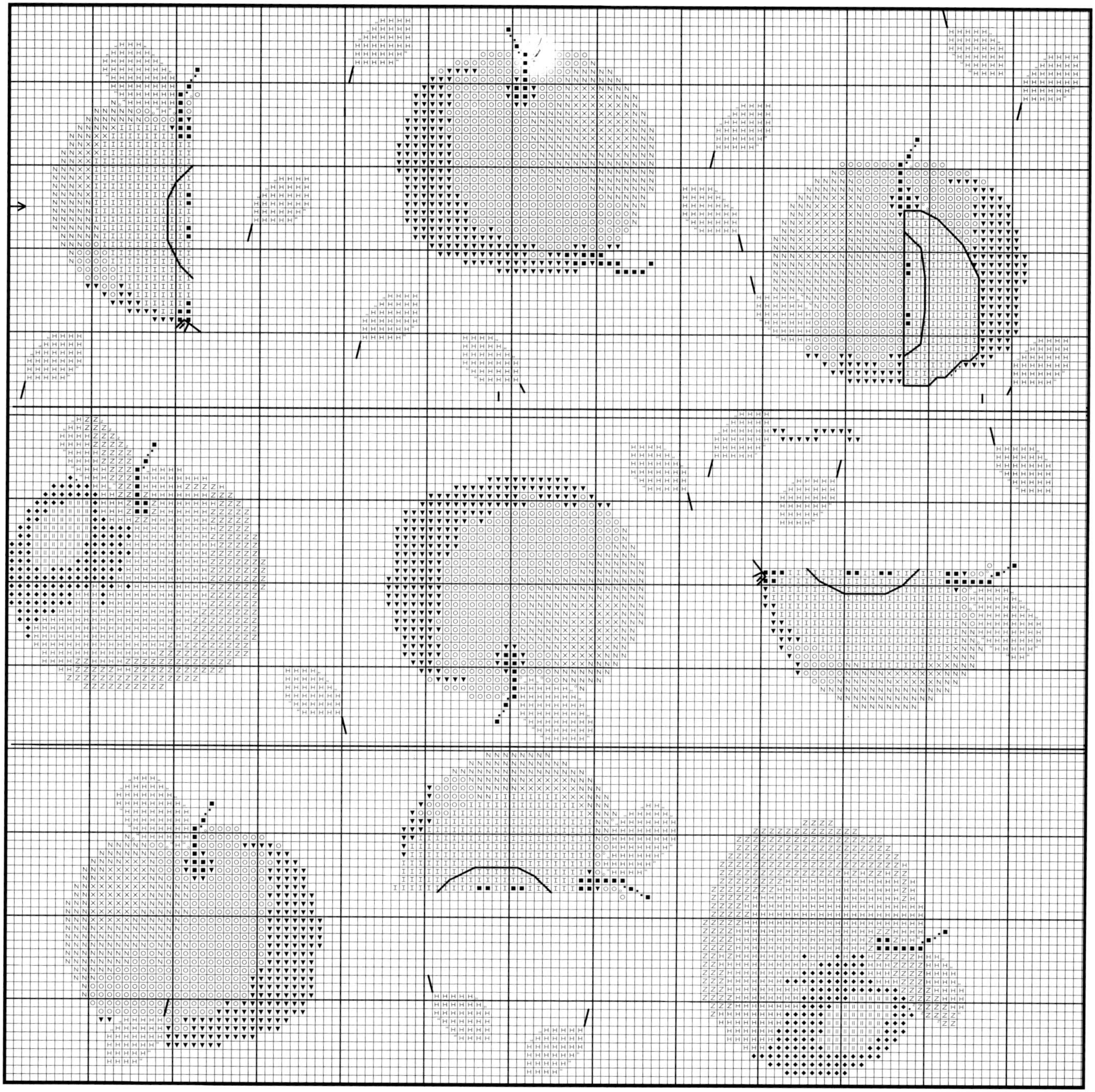

Apfelschmaus

Farbige Abbildung Seite 6

gestickt wird auf 11,7-fäd. Leinenband mit Baumwollgarn von Vaupel und Heilenbeck

2061 3902 3832 3101 3505 1912 3405 2045 3412

Steppstiche im Apfel: 1912 **Steppstiche Blatt: 3832** 3005

Die Stickerei wird mittig auf das Leinenband aufgestickt. Setzen Sie die drei „Apfelreihen" **fortlaufend hintereinander. Einen schönen Abschluß an den Bandenden bilden 4** Biesen **unterschiedlich breit aufgenäht.**

Materialverbrauch :

1,40 m Leinenband 16 cm breit Art.Nr. 2010/160 Fb.104

Dekoration : Art.Nr1340

Wintervögel

Farbige Abbildung Seite 6

1105 3006 2071 3001 2089 1105 3902

Augen, Schnabel, Füße: 3042
Flügel Plattstich 3114
Vögel absteppen mit 3042
Dachkante: 2089
Steppstich Zweige: 2902
Plattstich Dach: 3006
Steppstich im Haus: 2071
Unterkante Dach: 2 Reihen Steppstich 2071

Vogelhaus :

Das Dach wird mit doppeltem Faden in einem Plattstich von oben nach unten gespannt. Nach jedem Stich immer einen Faden höher bzw. auf der anderen Seite tiefer sticken. Das Haus aussticken und anschliessend die Steppstiche auftragen.

Materialverbrauch :

Schleife :1,40 m Leinenband 7 cm breit Art.Nr. 901/70 natur

Deko Art.Nr. 1347

Querband : 1,80 m Leinenband 10 cm breit Art.Nr. 131/100/238
Deko Art.Nr. 1349

Farbige Abbildung Seite 6

Kranzband :

Sticken Sie für das Kranzband die Motive quer auf, laut Abbildung.
Die Flügel der Vögel werden im Plattstich in 3001 gestickt.

Materialverbrauch :

1,80 Leinenband 10 cm breit Art.Nr. 131/100/238

Deko Art.Nr. 1349

Wintervögel

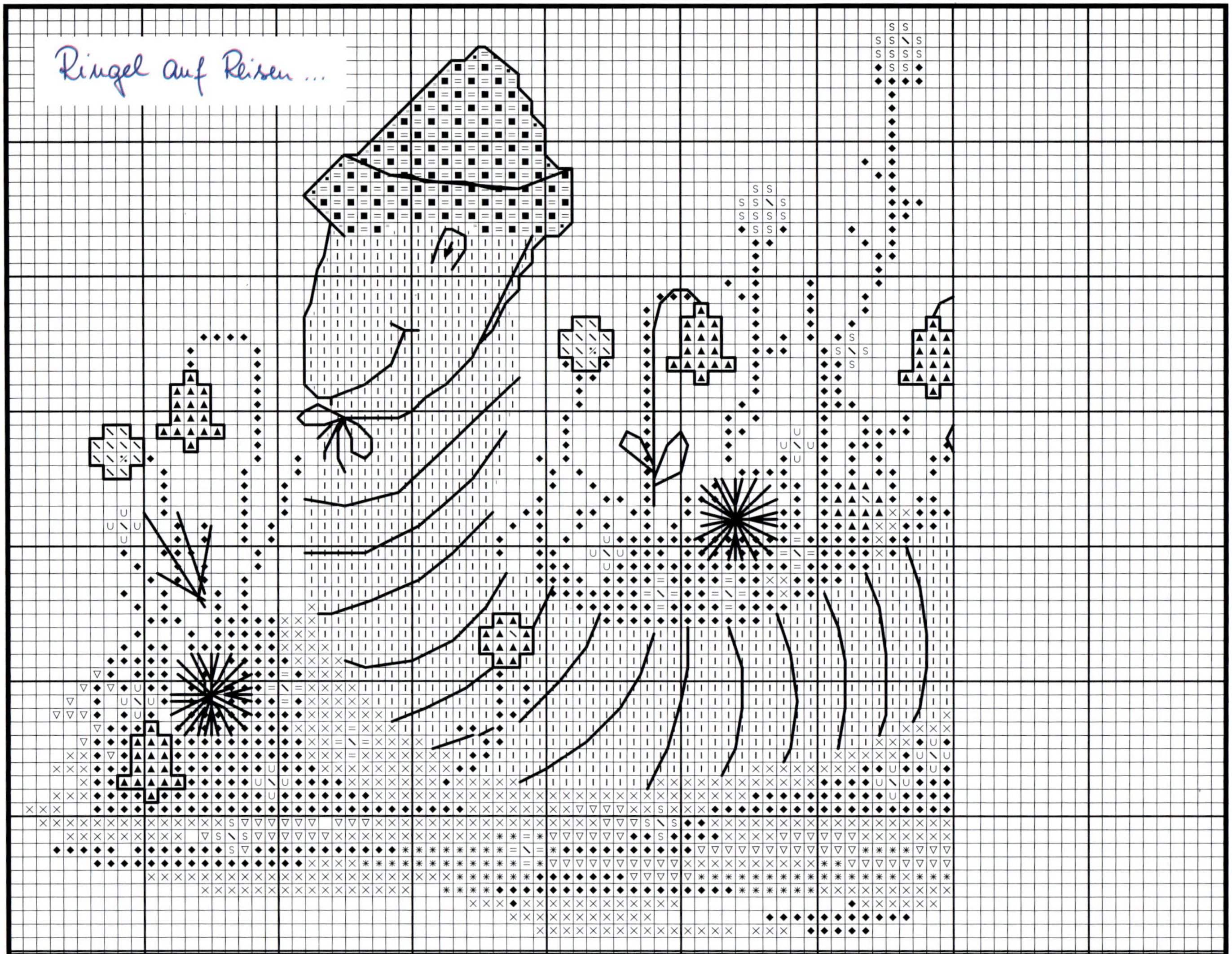

◪	2726	▣	2906	▯	2400	⊟	blanc
◆	2905	▽	2788	▲	2797	%	2740
⊠	2986	■	2310	U	2666	S	2309

Art.Nr. Knöpfe Rucksack 6400

Steppstich in Glockenblumen und anderen blauen Blüten = 2820
Steppstiche im Wurm = 2938, Hutbändchen im Steppstich mit doppeltem Faden = 2726

Steppstich Augen und Hutkonturen = 2310
Steppstich in Weißen Blüten = blanc / gelbe Blüten = 2726
Steppstich in Wiese = 2788
Pusteblümchen im Steppstich = blanc

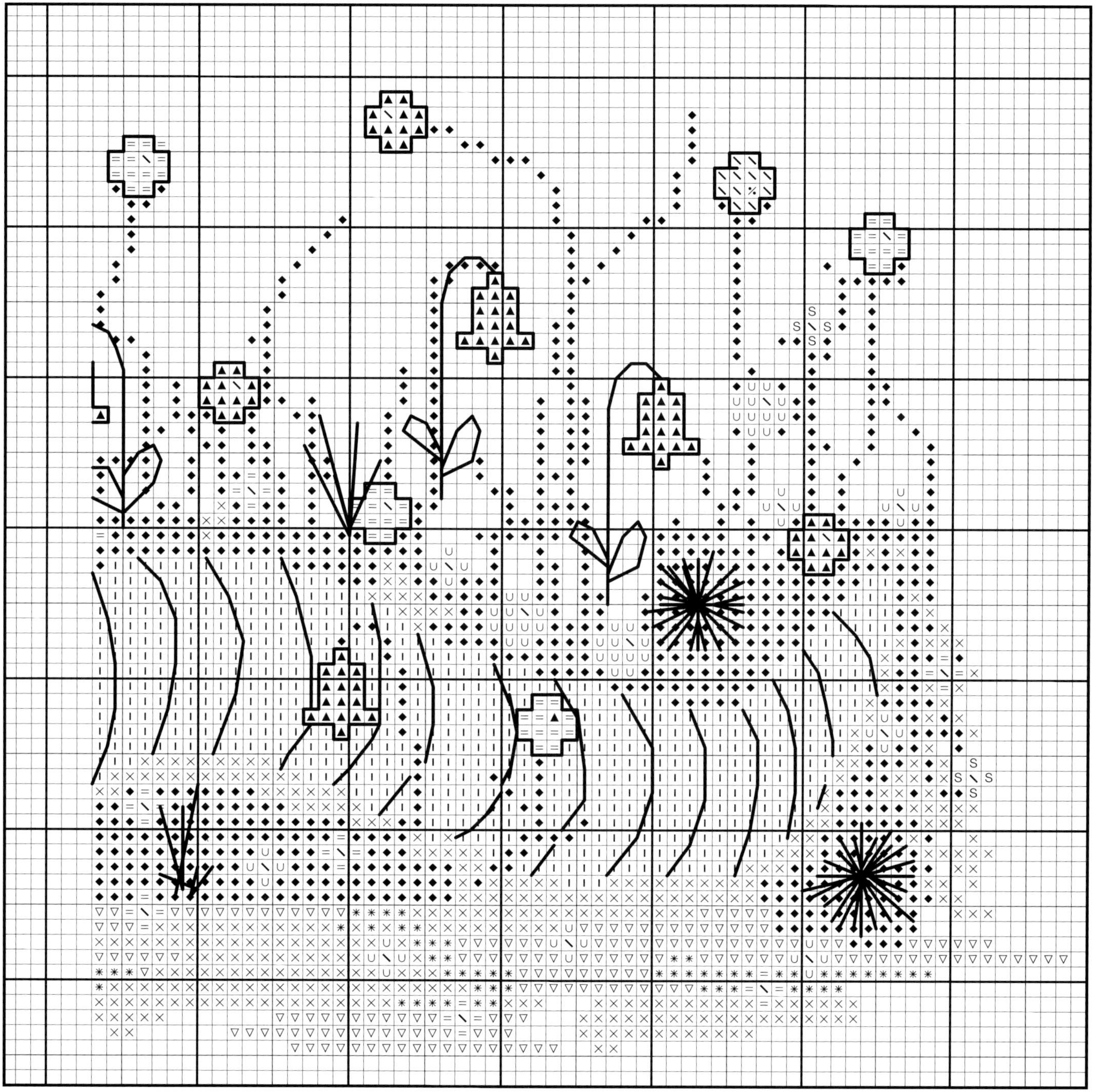

Farbige Abbildung Seite 8, 10

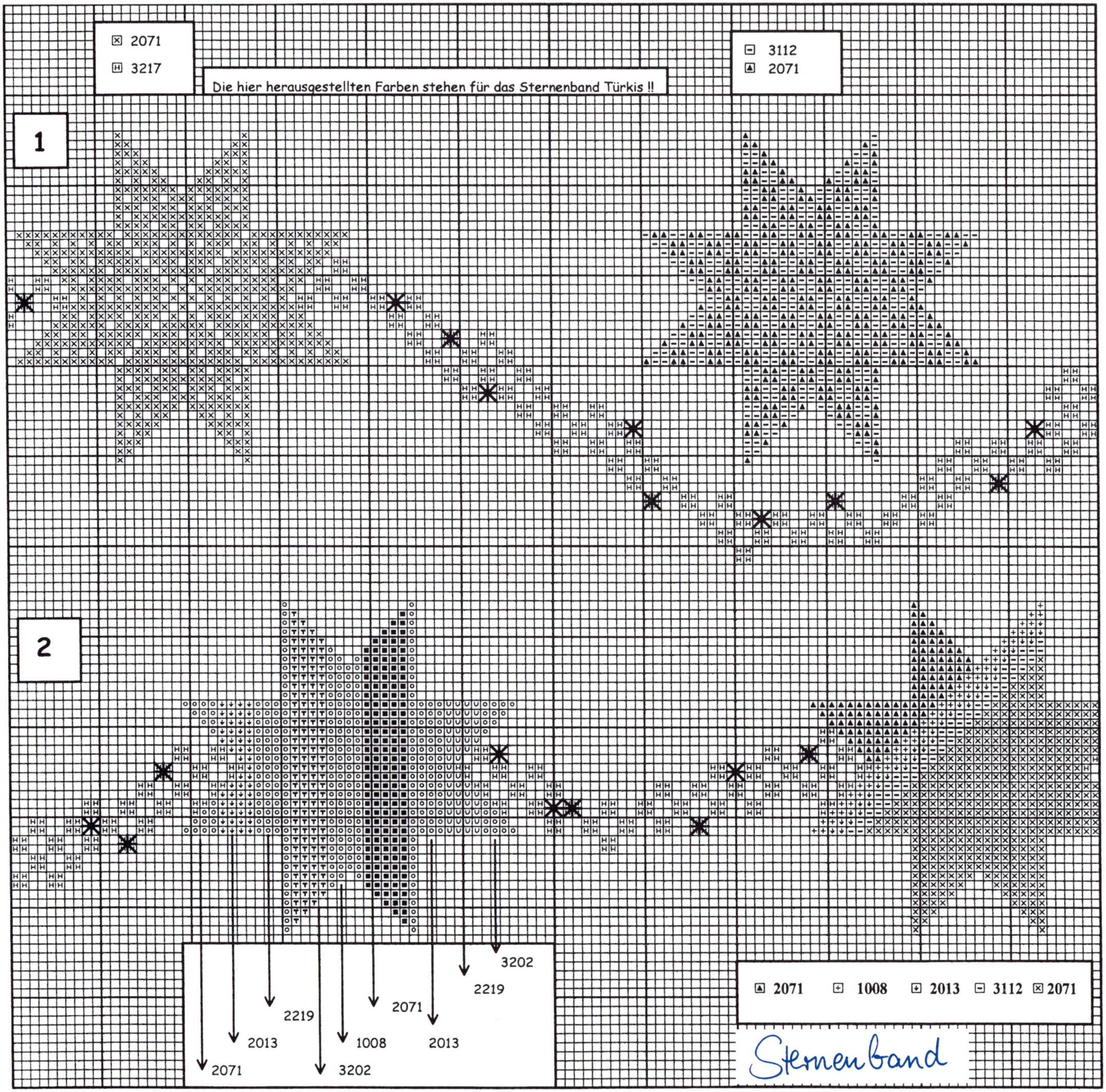

Farbige Abbildung Seite 8, 10

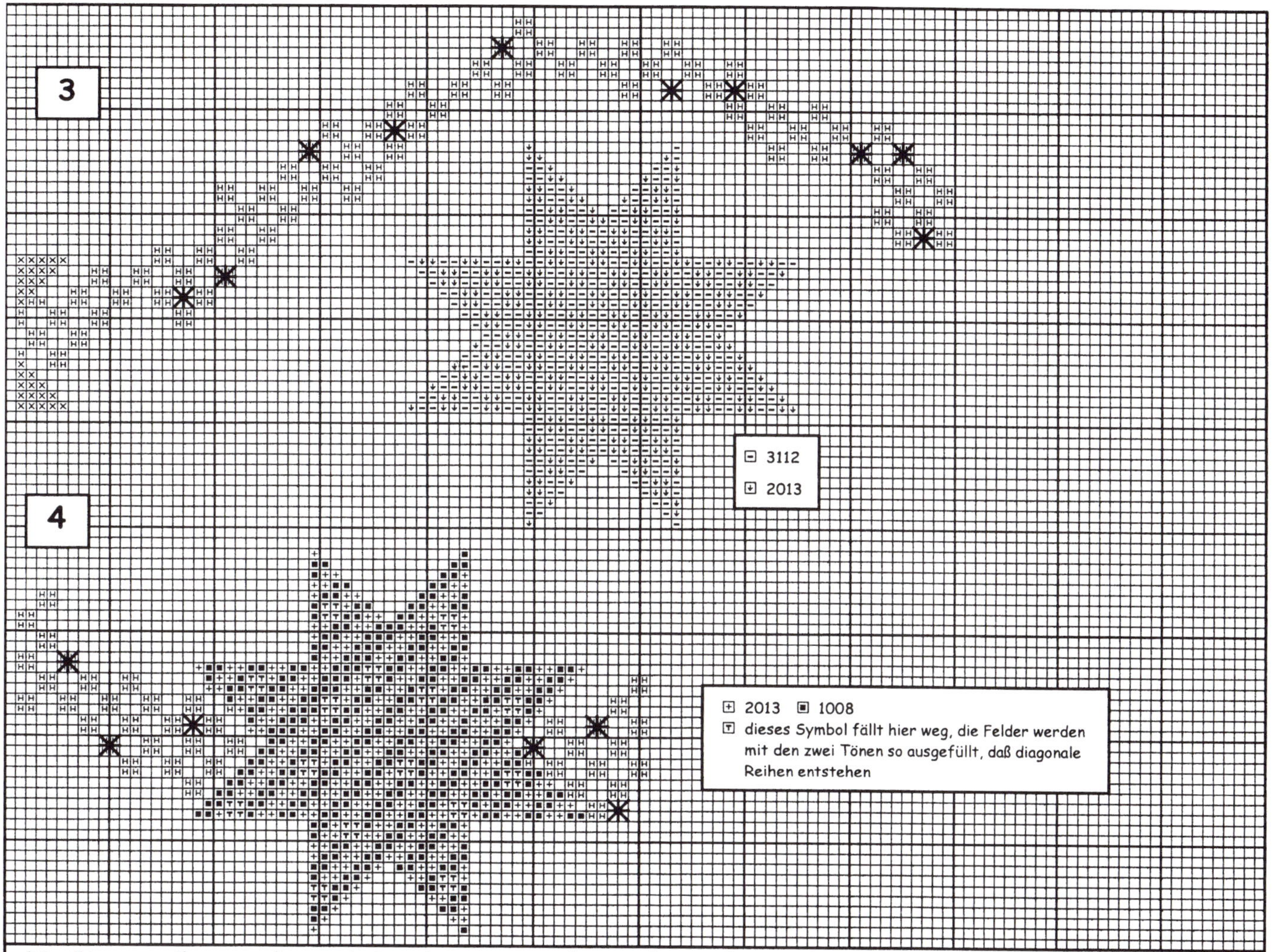

Die Sternenreihen werden nacheinander zusammenhängend gestickt, so daß die Sterne eine gerade Linie bilden.

Farbige Abb. Seite 10 *Sternenband Türkis*

Die herausgestellten Farben an/über den Sternen sind die Farbangaben für das Sternenband Türkis.
Mit DMC Metallgarn Blau werden kleine Steppstichsterne in die Karos gesteppt.
Das Bandende doppelt legen, danach zweimal so nach vorne zur Spitze legen, daß der Streifenrand des Bandes doppelt erscheint,siehe Abbildung.
Materialverbrauch : 1,70 m Leinenband 16 cm breit Art.Nr. 2010/160/124

Farbige Abb. Seite 8 *Sternenband Bunt*

T 2726	↓ 2917	− 2797	■ 2322	▲ 2725
H 2986	X 2666	o 2909	U 2719	+ 2911

Materialverbrauch :
1,10 m Leinenband 12 cm breit Art.Nr. 901/120 natur
1,30 m Leinenband 16 cm breit Art.Nr. 214/160 Stickerei wird lt. Abb. mit Unterband eingefasst.

Mit DMC Metallgarn Gold werden kleine Steppstichsterne in die Karos gesteppt.

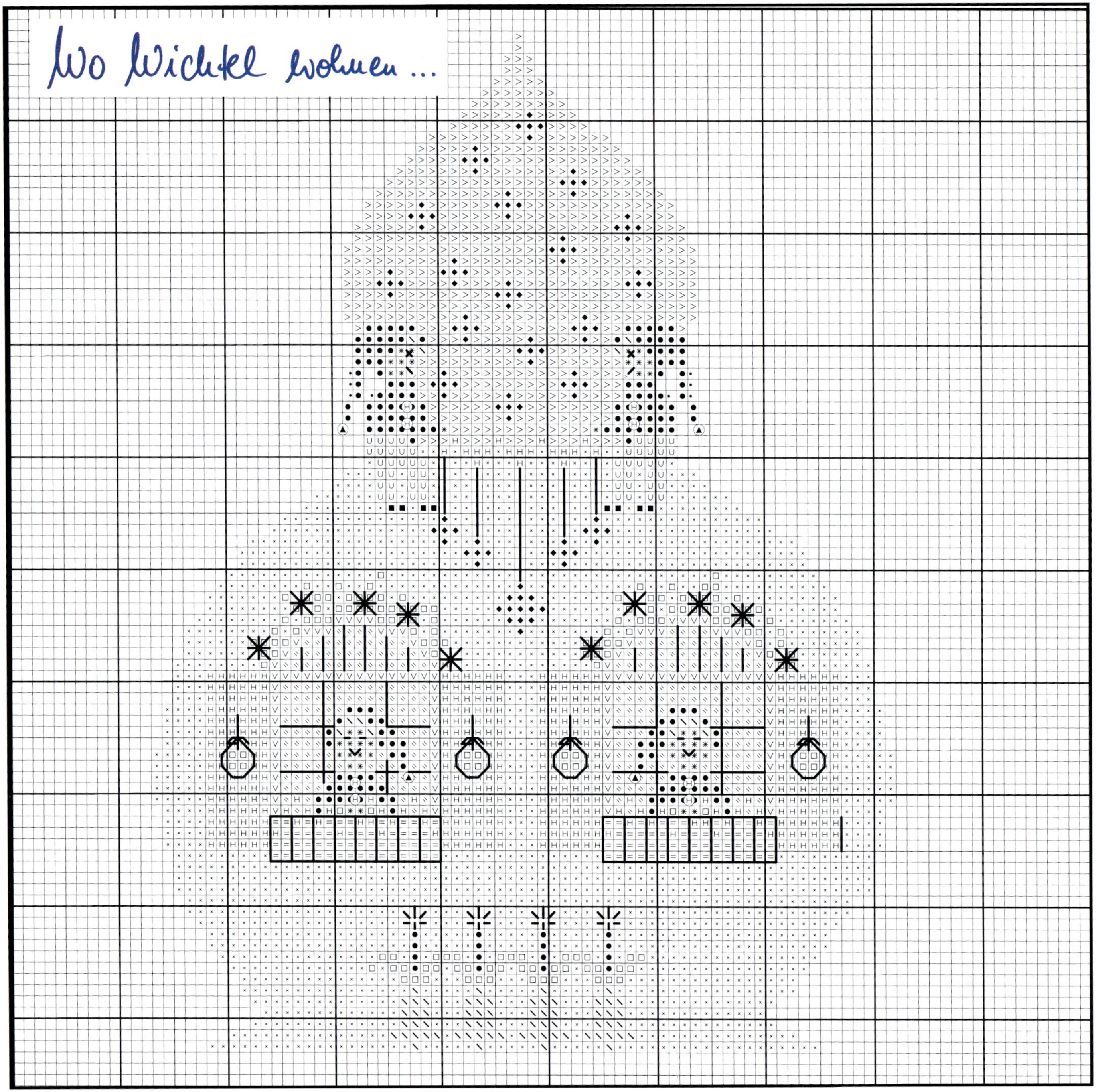
Wo Wichtel wohnen ...

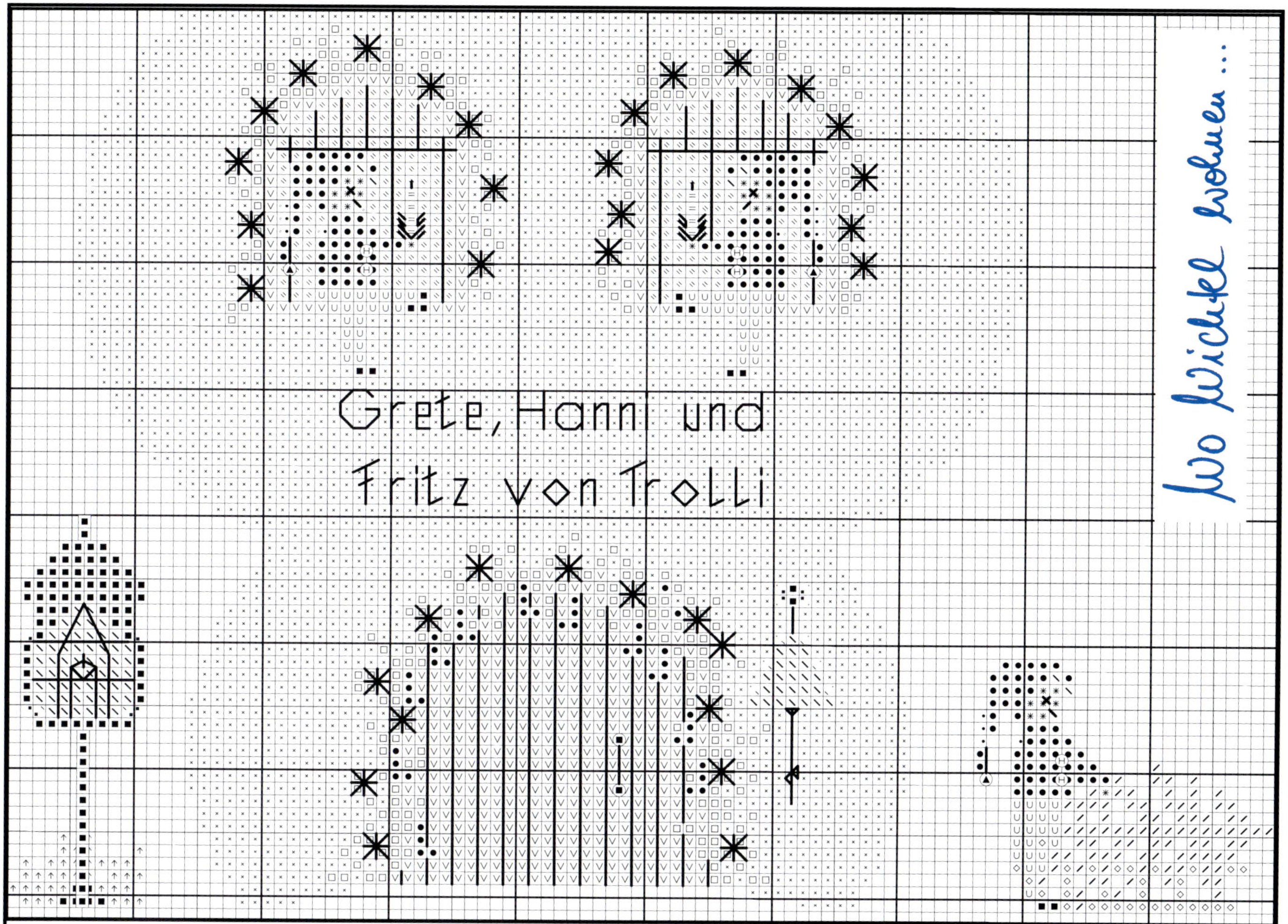

gestickt auf 20cm beitem Naturleinenband mit DMC Fil-Fleur Farbige Abbildung Seite 9

■ 2310 · ▲ weiß (Knötchen) · U 2902 · = 2666 · ● 2321 · ★ 2950 · / 2501 · \ 2748 · ♦ gold

\ 2745 · H 2986 · > 2823 · □ 2905 · X 2797 · V 2831 · ◇ 2801 · ↑ 2911

Steppstich Sternengirlande gold
Steppstiche im Fenster 2831
Steppstich Kranz auf der Windlade 2666
Steppstiche durch den roten Blumenkasten in 2986
Steppstich Tanne an den Kerzen 2986
Steppstich der Kerze in der Laterne 2666, Docht schwarz
Steppstich Haustür und Glocke 2310

Materialverbrauch:

0,95 m Naturleinenband
Art.Nr. 901/200
Dekoration Art.Nr. 1354

Steppstich Schrift 2748
Sterne alle in Gold sticken

Farbige Abbildung Seite 11

Komm rein!

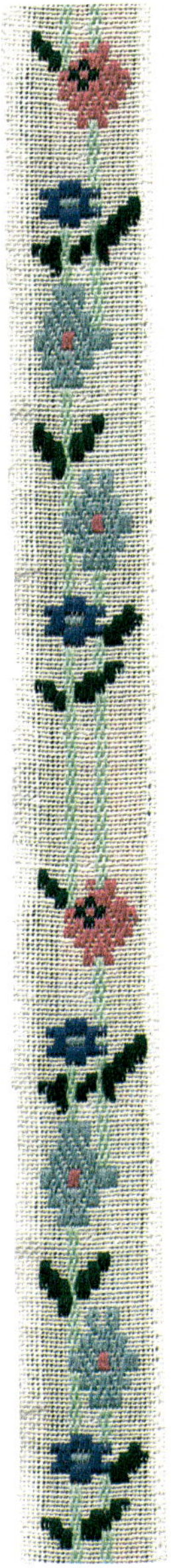

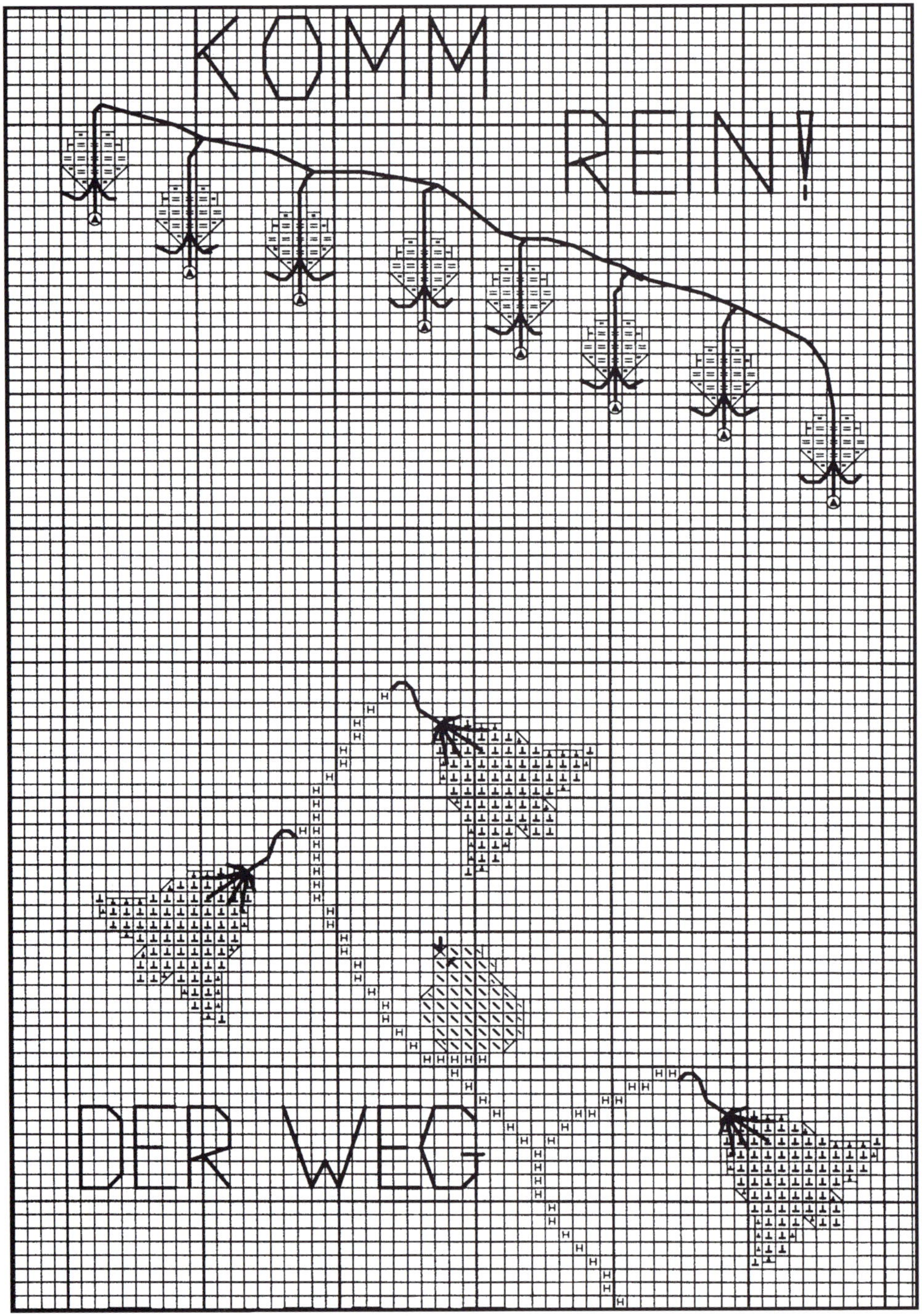

Komm rein!

gestickt wird mit DMC Fil-Fleur (in Klammern steht die Umsetzung in V+H Garn)

⊟ 2608(2073)	⊡ 2950(2052)	2608 (Knötchen)
⧅ 2727(2061)	⊡ 2597(2219)	
⊥ 2797(1485)	Ⓗ 2958(3112)	

Einen schönen Abschluß bilden die genähten Bisen.

Schrift: Steppstich in 2797(1485)

Steppstiche bei den tränenden Herzen in 2570(2011)

Steppstich Gesicht: 2407 (2051) Mund: rot, Auge: schwarz

Herz bei den Vögeln und Mädchen im Plattstich in 2608(2073)

Die Herzen werden in gleicher Farbe umsteppt.

Steppstich Glockenblume: 2958 (3112)

Steppstich Vögel (Auge und Schnabel): 2797 (1485)

Materialverbrauch :1,10 m Leinenband 17 cm breit Art. Nr. 2000/170/124

Deko Art Nr. 1351

Farbige Abbildung Seite 12

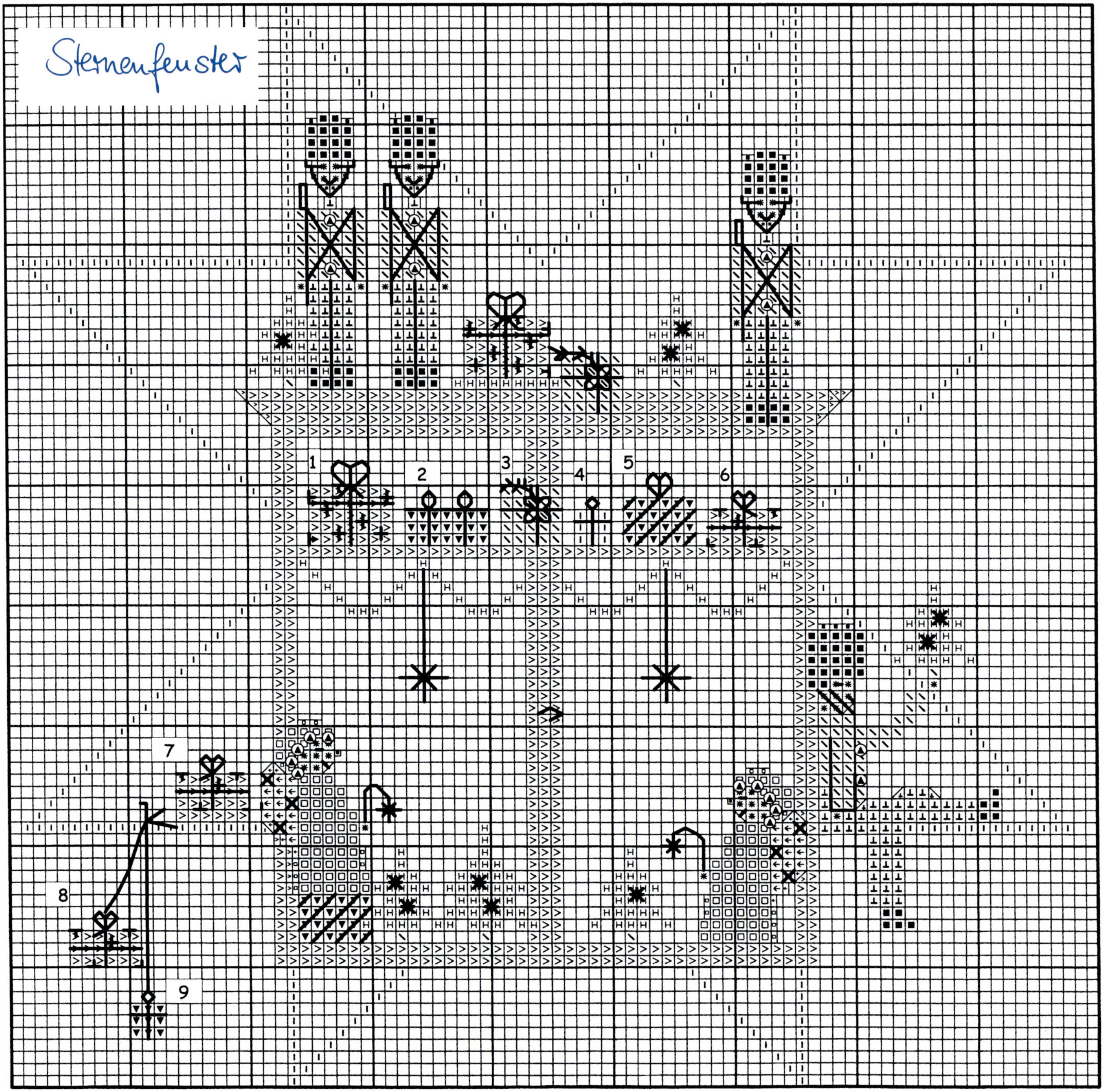

Farbige Abbildung Seite 12

Sternenfenster

■ 2310	⧅ 2666	▼ 2905	> 2797	I gold	= Knötchen 2745
← 2775	✱ 2950	H 2986	⊥ 2820	◻ 2726	

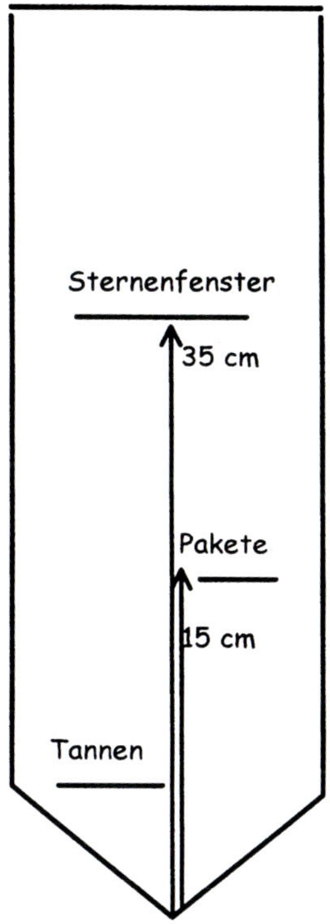

<u>Steppstiche im Nußknacker :</u>

Helmriemen : 2310, Hemd : blanc, Knöpfe (im Knötchen): blanc,

Gewehr und Beine (in der Mitte) : 2310

Augen Steppstich : 2310 (dies gilt auch für den Engel)

Mund Steppstich : 2666 (dito)

<u>Steppstiche in Paketen neben Nußknacker oben :</u>

blaues Paket : 2666/ Muster in gold, rotes Paket : gold

Die Sterne in allen Tannen werden im Sternchenstich in gold gestickt.

Auf die Flügel der Engel werden goldene Sterne aufgestickt.

<u>Steppstiche in Paketen auf Fensterbrett und Stern :</u>

1. 2666, 2. 2797, 3. gold /Tannenast in 2905, 4. gold, 5. 2666,

6. 2666 Muster in gold, 7. 2666-Muster in gold, 8+9 Bänder in 2666 Muster in gold.
Fensterknauf und Sterne am Band im goldenen Steppstich sticken.

Auf das Bandende werden zwei Tannen und zwei Pakete am langen Band gestickt
Das Band wird in 2905 gestickt, die Pakete blau und grün mit goldenen Mustern.

Materialverbrauch :

0,60 m Leinenband 20 cm breit Art.Nr. 900/200

1,00 m BW-Kordel Art.Nr. 10024/8

Deko Art.Nr. 1348

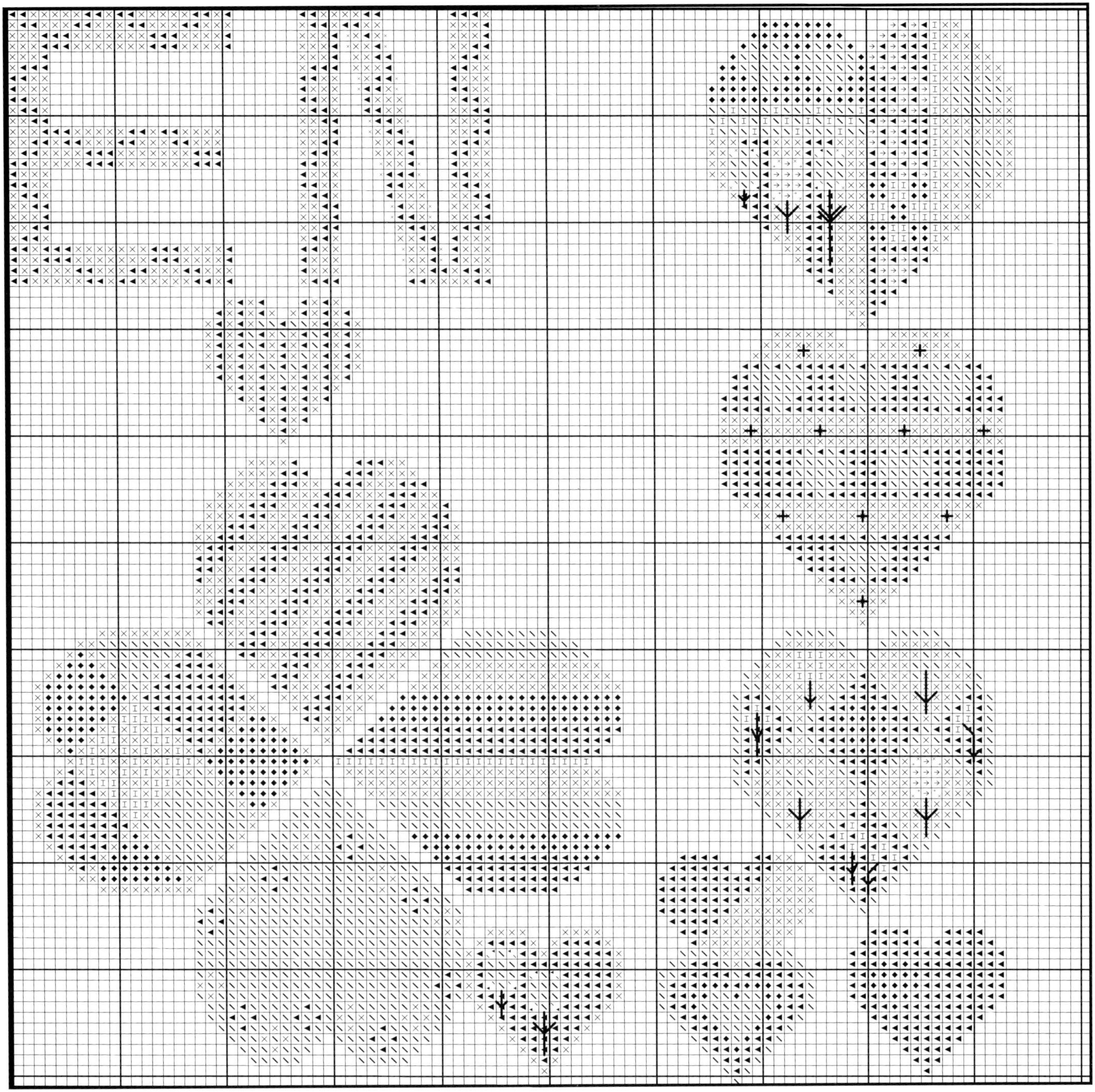

Farbige Abbildung Seite 13

♡-lich Willkommen

gestickt wird mit V + H Garn

3321 | 2084 | 1000

3805 | 3822 | 1485

Linke Bandseite:
Das Herz steht für den Buchstaben O. Blütensteppstiche in 3805 aufsteppen.
Das kleine Herz wird in die Spitze des Bandes gestickt.

Rechte Bandseite:
Herz 1 - 3 : Blütenstiele auf die fertige Stickerei mit 3805 aufsteppen.
Stickabsatz zwischen dem 3.Herz und der Herzblüte - 40 Kreuze
Stickabsatz zwischen Herzblüte und kleiner Herzreihe auch 40 Kreuze
Sticken Sie die Motive laut Foto-Abbildung untereinander.

Materialverbrauch:
2,00 m Leinenband 14 cm breit Art.Nr. 1091/140/19
Dekoration Art.Nr.1408

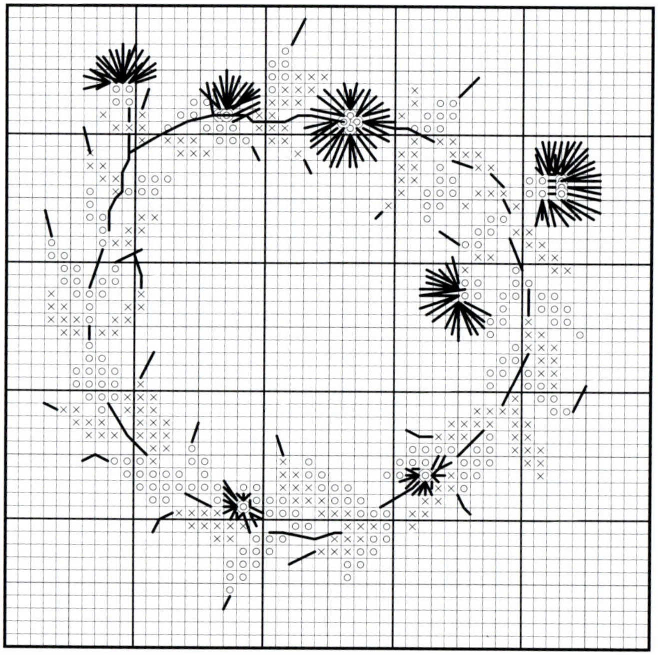

Farbige Abbildung Seite 15

Gänseblümchen-kranz

gestickt auf 12-fädigem Leinen mit DMC-Blumengarn

2911 | 2912

Kranzgröße: ca. 8 x 8 cm

Blütenmittelpunkt: gelbe (2743) Knötchen   Steppstiche im Kranz : 2911
Die Blütenblätter werden in sehr dichten Steppstichen gestickt.
Sticken Sie die Blütenblätter zum Teil uni weiß und zum Teil gemischt mit weiß und 2309.

Deko Art. Nr. 1343 (Rahmen und Püppchen)

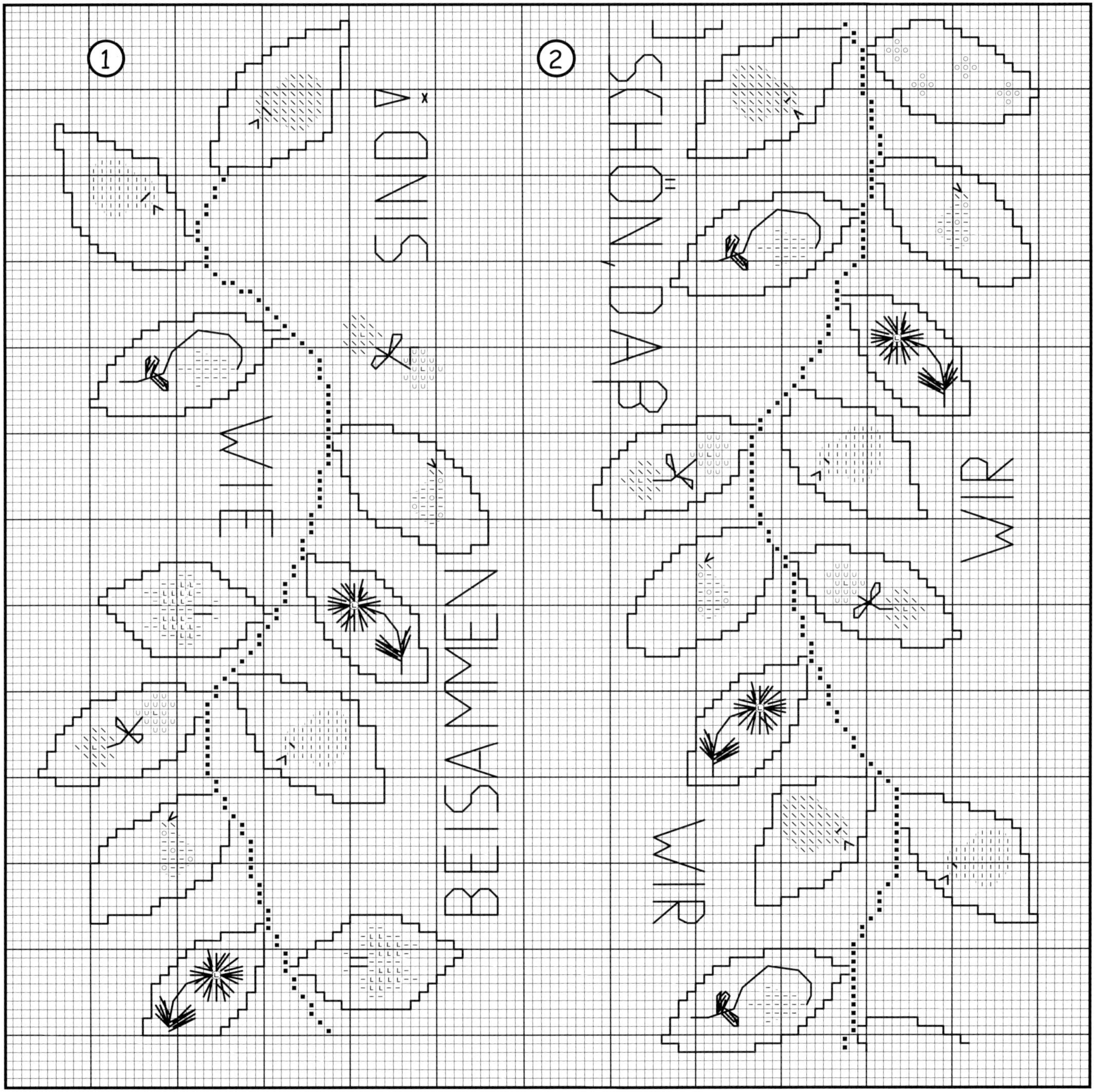
1
SIND
WIE
BEISAMMEN
2
SCHÖN
DAß
WIR
WIR

Blätterband

Bitte sticken Sie die vier Blätterreigen fortlaufend hintereinander.

2798	2916	2745	2608
2799	2986	2797	

Materialverbrauch :

1,60 m Leinenband 16 cm breit Art.Nr. 2010/160 Fb. 123
Deko Art. Nr. 1341

Steppstiche: Vögel 2797 Glockenblume 2986
Herzen 2986 Schmetterling 2797 Käfer 2797

Gänseblümchen: Blüte weiß, Stiel 2986
Die Blätter werden in 2905 ausgestickt.
Schrift in 2986 sticken
Das Motiv wird mittig auf das Band gestickt.

Knötchen Gänseblümchen: 2727
Bandende nach vorne zur Spitze nähen, so daß die Randstreifen sichtbar sind.

Farbige Abbildung Seite 14, 15

Blätterherz

gestickt auf 12 -fädigem Leinen mit DMC-Fil-Fleur-Garn.
Bildgröße etwa 23 x 23 cm

2911 · 2312 · 2797 · 2309 · 2909 · 2727 · 2322 · 2742

In der Mitte des Vogelhauses sitzt ein Knötchen in der Dachfarbe.

Schnabel und Auge des Vogels in blau. Fühler der Käfer in 2797.
An der Spitze der Schmetterlingsfühler (2312) sitz ein Knötchen im gleichen Farbton.

Schleife zwischen den Herzchen in 2309.

Alle Blätter werden in 2912 ausgefüllt, alle Blütenstiele in 2909.
Gänseblümchen: Spannstich weiß/blanc , Knötchen in 2727
Rahmen Art.Nr. 92520/R

Gelbe Blüte	Pinke Blüte
Blüte 2727	Weißes Knötchen in der Mitte,
Knötchen 2797	5 - 7 Knötchen in 2309 als äußerer Kranz

Behang : Farbige Abbildung Seite 15

Größe ca. 34 x 90 cm gestickt wird mit DMC Fil-Fleur-Garn siehe Blätterherz/Bild

Zuerst die schmalen Bänder seitlich mit je 8 Vögeln in 2727 sticken und mit 2912 umsteppen. Messen Sie den Behang aus und setzen Sie die Stickerei des Herzens so an,daß die Oberkante mit den Spitzen der Seitenbänder beginnt. Die genauen Maße entnehmen Sie der Nähskizze.

Einen schönen Abschluß des Behanges bilden die drei Biesen.

Materialverbrauch :

1,10 m Leinenband 34 cm breit Art.Nr. 900/340 1,20 m Leinenband 7 cm breit Art.Nr.900/70

Deko Art.Nr. 1342

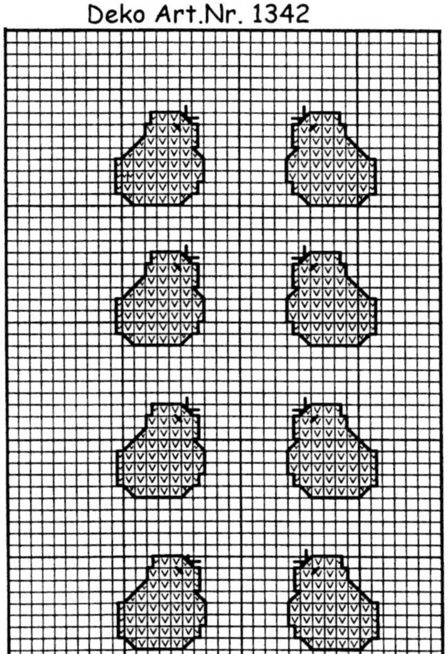

2727 , umsteppen in 2912 , je 2 x untereinander

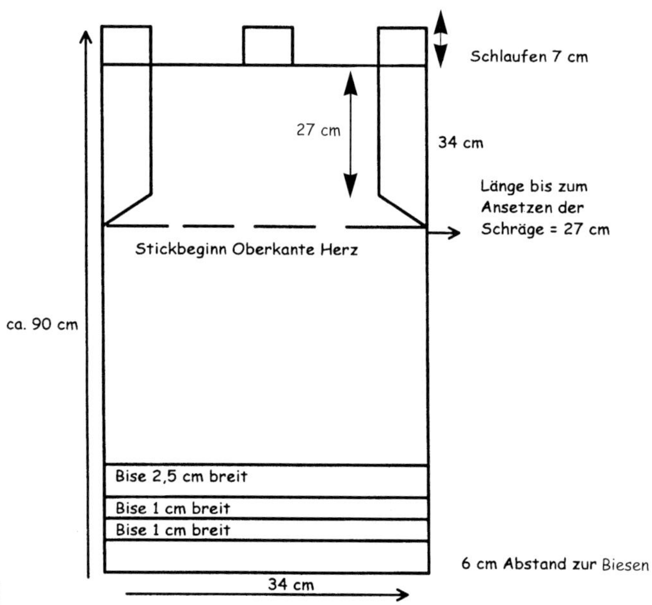

Farbige Abbildung Seite 16

Flügel der Morgenröte

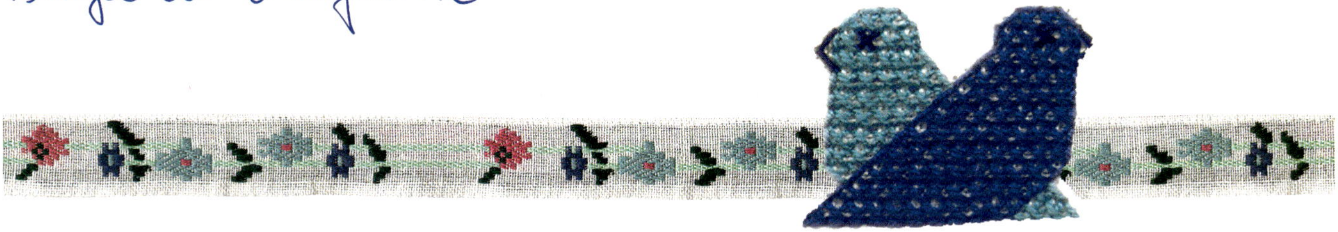

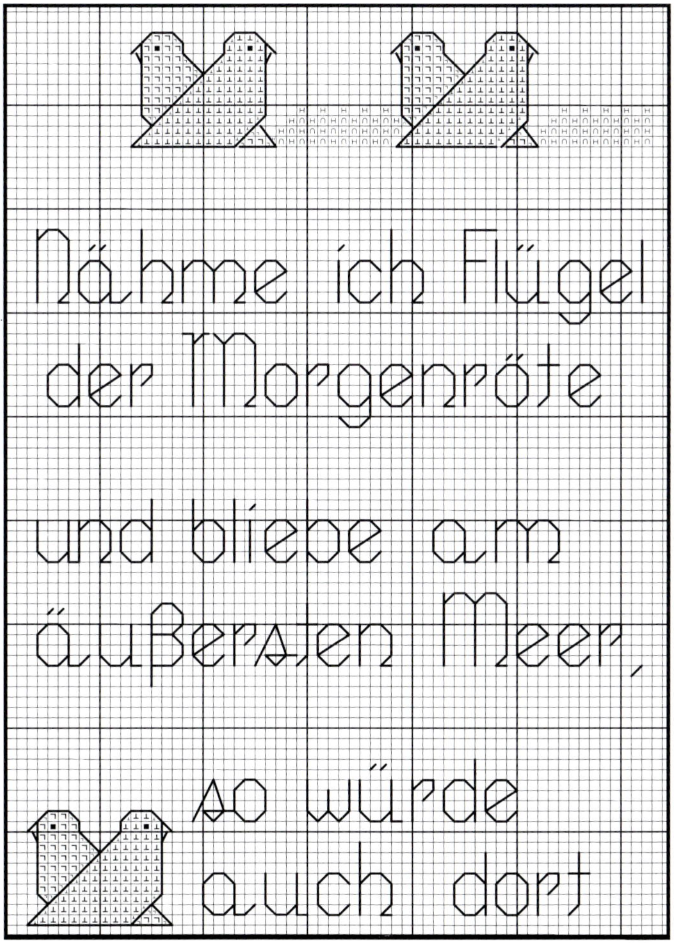

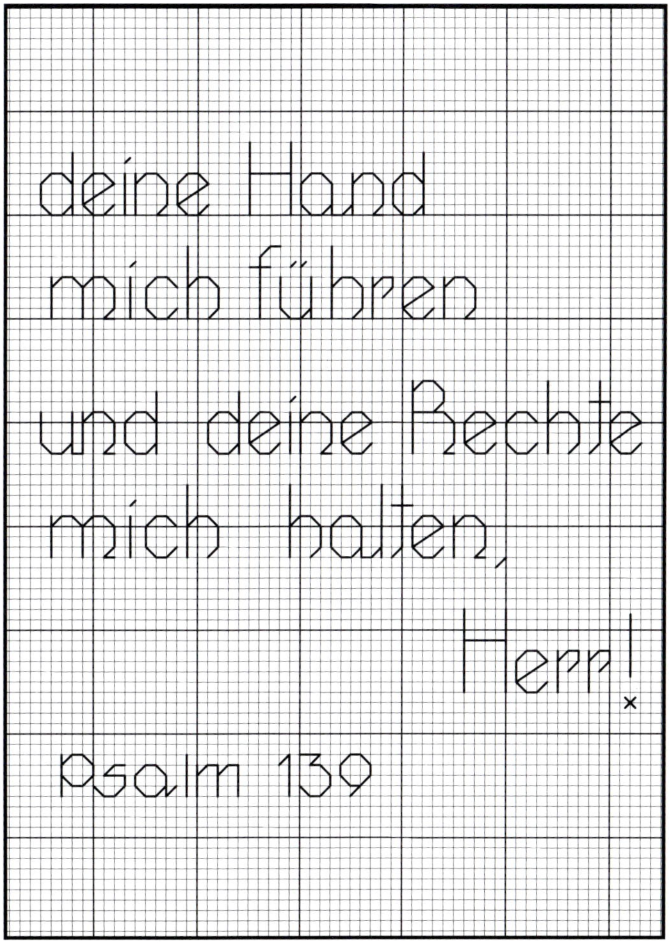

Farbige Abbildung Seite 16

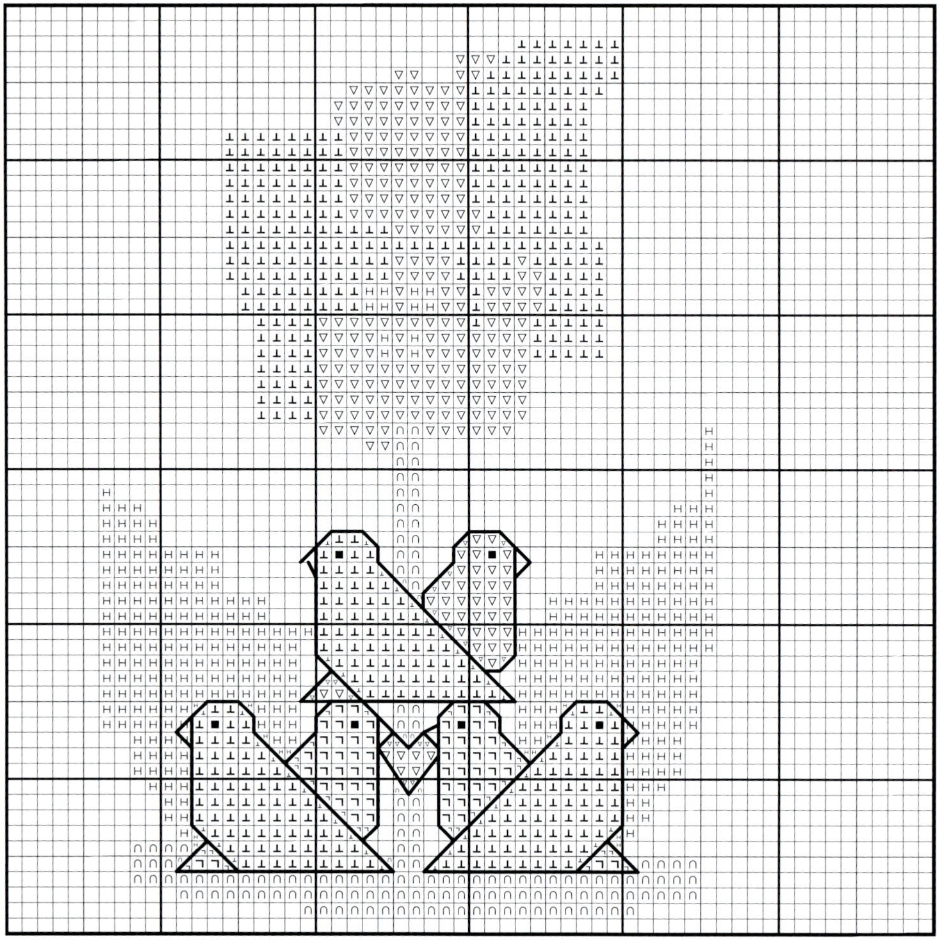

Nähskizze :

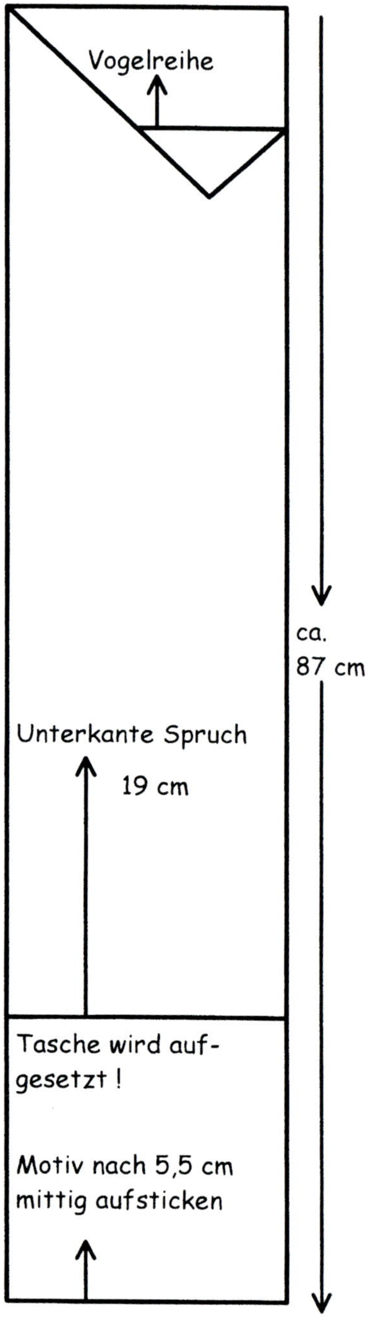

Flügel der Morgenröte

gestickt wird mit deutschem Baumwollgarn von Vaupel und Heilenbeck

▽ 2073 H 3112 ∩ 3217 ■ 3042 ⌝ 2219 ⊥ 3122

Schrift 3122 die Vögel werden in Körperfarbe umsteppt

Schnäbel in 3042 steppen. Das Herz im Plattstich ausfüllen und mit 2073 umsteppen.

Materialverbrauch :

1,10 m Leinenband Art.Nr. 2000/170 Fb. 124

0,30 m Leinenband dito

Deko Art. Nr. 1344

Farbton	DMC Fil-Fleur	MEZ	V+H Bw.-Garn	HF-Garn
weiß	Blanc	1	3006	600
ecru	Ecru	1009	1001/1000	0
lila	2209	110	3332	-
lila hell	2210	109	3332	233
lila sehr hell	2211	342	3232	-
altrosa dunkel	2221	1027	-	4
altrosa mittel	2222	-	3532	323
altrosa hell	2223	-	2021	15
altrosa sehr hell	2225	1026	2052	1
schlammgrau	2241	233	2091	32
schlammgrau hell	2280	231	-	303
ziegelrot mittel	2303	1024	3305	13
leuchtend rot	2304	9046	2079	400
pink mittel	2309	28	2068	37
schwarz	2310	403	3042	240
mittelblau leuchtend	2312	979	3722	-
zartbordeaux mittel	2315	1019	2048	-
zartbordeaux hell	2316	1017	1821	-
grau mittelhell	2318	399	2002	19
tanne dunkel	2319	218	3902	210
tanne mittel	2320	216	3001	-
leuchtendrot mittel	2321	46	1105	400
mittelblau	2322	978	2022	-
mittelblau hell	2325	977	1022	-
pink dunkel	2326	29	2088	205
kräftiges altrosa dunkel	2327	896	2041	4
kräftiges altrosa mittel	2329	895	-	323
blauviolett kräftig	2333	119	2032	23
dunkelblau	2337	148	3822	202
dunkelrot mittel	2346	47	2400	411
orange dunkel	2349	333	3405	504
orange mittel	2350	329	2039	93
orange hell	2351	328	3311	-
orange sehr hell	2352	9	-	-
haut rosig	2353	6	-	12
ziegelrot dunkel	2354	-	-	-
ziegelrot hell/lachs	2356	1023	-	96
blauviolett hell	2358	117	-	-
blauviolett mittel	2359	118	-	230
tanne sehr hell	2369	214	2000	231
schwarzbraun	2371	382	1712	-
lila matt dunkel	2394	101	1005	-
lila matt mittel	2395	99	-	5
lila matt sehr hell	2396	96	-	233
lila matt hell	2397	98	-	234
rostbraun dunkel	2400	351	3412	214
nougat mittel	2405	1007	3312	-
nougat hell	2407	1008	3312	-
stahlgrau dunkel	2413	236	2023/3741	-
stahlgrau mittel	2414	235	-	20
stahlgrau sehr hell	2415	234	1450/3303	303
nußbraun mittel	2433	358	-	-
nußbraun mittelhell	2434	371	-	-
beige/sand	2436	369	-	250
grünoliv sehr hell	2446	802	-	47
grasgrün mittel	2469	244	3212/2001	10
grasgrün hell	2471	242	3732/3312	40
grasgrün sehr hell	2472	240	2099/3322	223
bordeaux sehr dunkel	2497	72	-	29
blautanne sehr dunkel	2499	224	-	-
blautanne dunkel	2500	212	3112	210
blautanne mittel	2501	210	1009	9

Farbton	DMC Fil-Fleur	MEZ	V+H Bw.-Garn	HF-Garn
blautanne mittelhell	2502	209	-	8
blautanne hell	2503	208	-	224
blautanne sehr hell	2504	206	3217	231
lila grell dunkel	2531	102	2011	-
lila kräftig mittel	2532	111	3432	-
brombeer mittel	2570	68	1003	205
brombeer hell	2572	66	1002	-
brombeerrosa sehr hell	2574	73	2096	-
stroh hell	2579	956	2003	225
mattblau dunkel	2590	816	3722	220
mattblau mittel	2592	979	3215	22
mattblau hell	2594	976	2016	229
türkis dunkel	2595	-	-	226
türkis mittel	2597	-	2219	-
türkis hell	2599	-	3217	-
pink-blau	2608	86	-	-
grau-beige dunkel	2609	393	-	215
schilf dunkel	2610	1050	3152	215
schilf mittel	2611	854	-	222
schilf sehr hell	2613	852	-	7
nougat dunkel	2632	371	1600	-
grau-beige mittel	2640	392	-	-
grau-beige hell	2642	391	-	-
grau-beige sehr hell	2644	390	-	-
hellrot kräftig	2666	335	-	97
stroh mittel	2673	945	2003	218
rosa kräftig	2706	31	-	2
rosa kräftig matt	2708	26	-	69
hellstes grün	2715	1042	2099	-
pink mittel	2719	87	2073	37
zartbordeaux mittelhell	2724	1018	-	235
senf mittelhell	2725	306	1932	-
senfgelb hell	2726	297	2074	48
gelb hell	2727	295	2084	31
zartbordeaux sehr hell	2728	969	-	232
grünoliv dunkel	2730	924	-	34
grünoliv mittel	2732	281	-	237
grünoliv hell	2734	280	-	26
sand	2738	367	-	25
gelborange kräftig	2740	304	2035	53
sonnengelb mittel	2742	303	1049	-
blaßgelb	2743	293	2061	123
blaßgelb hell	2745	292	3522/2022	31
sonnengelb hell	2748	298	2084	48
haut rosigmatt	2754	868	-	1
lachs hell	2758	1022	-	113
lachs sehr hell	2759	-	2049	12
altrosa hell	2760	894	-	3
altrosa sehr hell	2761	893	-	-
safran	2766	1048	2045	54
blau-grün-grau mitteldkl.	2768	851	-	-
schlammgrau mittel	2773	232	2053/1400	19
wasserblau sehr hell	2775	975	-	33
pink hell	2776	25	-	69
haut rosa matt	2778	968	2051	1
braun-gelb-orange dkl.	2782	309	-	213
braun-gelb-orange mittel	2783	307	3302	203
hellstes maigrün	2788	254	3505	505
grelles kobaltblau	2797	156	1485	17
himmelblau mittel	2798	155	2013	21
himmelblau hell	2799	154	-	304
eisblau hell	2800	153	2063	33

Farbton	DMC Fil-Fleur	MEZ	V+H Bw.-Garn	HF-Garn
nußbraun dunkel	2801	360	3612	216
brombeer dunkel	2814	1029	2041	-
dunkelstes rot	2815	44	2089	411
kaltes blaßrosa hell	2818	23	2007	-
kaltes blaßrosa sehr hell	2819	271	-	-
kornblumenblau	2820	157	2071	-
dunkelstes blau	2823	150	* 3202/3102/3022	201
neptun blau	2824	148	3122	228
mittelblau	2825	164	2081	22
mittelblau hell	2826	162	2115/3216	22
mittelblau sehr hell	2827	161	3403	-
wasserblau sehr hell	2828	9159	2063	33
olivbraun dunkel	2829	906	1006	34
olivbraun mittel	2831	888	-	6
olivbraun hell	2833	887	3302	203/236
rostorange	2836	1049	2059	-
schlammbraun dunkel	2839	905	1912	-
schlammbraun mitteldkl.	2840	889	3512	251
schlammbraun mittel	2841	832	1500	6
schlammbraun hell	2842	388	1007	250
tanne sehr dunkel	2890	683	3702	210
braun dunkel	2898	380	3612	216
pink mittelhell	2899	27	-	37
brombeer sehr dunkel	2902	72	3114	29
maigrün mittel	2905	258	3705	100
maigrün mittelhell	2906	257	-	101
maigrün hell	2907	256	3101	506
grüntürkis dunkel	2909	212	-	-
grüntürkis mittel	2911	210	3805	-
grüntürkis hell	2912	209	-	-
dunkelstes pink	2916	94	-	-
pink mittel	2917	88	-	-
rost dunkel	2918	341	-	-
rost mittel	2919	340	-	14
rost mittel hell	2921	339	-	95
rostbraun hell	2922	338	-	95
rost sehr hell	2923	1013	-	93
blau-grün-grau dunkel	2924	675	-	226
blau-grün-grau mittel	2926	779	-	-
blau-grün-grau hell	2927	838	-	-
blau-grün-grau sehr hell	2928	837	-	-
blau-grau dunkel	2929	1036	-	228
blau-grau mittel	2930	1035	-	-
blau-grau mittel-hell	2931	1034	2012	227
blau-grau hell	2932	1082	3922	229
blau-grau sehr hell	2933	1031	2033	33
grasgrün dunkel	2937	246	3602	237
dunkelstes braun	2938	381	3612	216
rotorange	2946	332	3005	504
orange	2947	316	-	-
hellstes beige	2948	926	1222	7
haut	2950	778	-	25
türkis hell	2952	186	3217	-
türkis mittel	2956	188	1008/1250	509
türkis dunkel	2958	189	3112/3905	211
dunkelstes maigrün	2986	230	3832	100
türkis grell	-	-	3015	-
türkis grell	-	-	3115	-
graugrün	-	858	3222	-
zitronengelb	-	289	3321	-

Bitte beachten Sie beim Umwandeln der Farben in ein anderes Garn als DMC Fil-Fleur immer noch einmal, ob auch alle Töne gesamt miteinander harmonieren. Die hier im Vergleich angegebenen Farben sind so ähnlich wie eben möglich ausgesucht.

FELIX
Kreuzstichmuster

Brief an Sophie
Art.-Nr. 2500-7F
Rahmen-Art.-Nr. 92500-7F

Weihnachtsbrief
Art.-Nr. 2500-2F
Rahmen-Art.-Nr. 92500-2F

Adventskalender
Art.-Nr. 2500-1F
Rahmen-Art.-Nr. 92500-1F

Felix und Hexe Befana
Art.-Nr. 2500-5F
Rahmen-Art.-Nr. 92500-5F

Bescherung für Sophie
Art.-Nr. 2500-3F
Rahmen-Art.-Nr. 92500-3F

Wichteltreffen mit Felix
Art.-Nr. 2500-6F
Rahmen-Art.-Nr. 92500-6F

Luciakatzen zum Frühstück
Art.-Nr. 2500-4F
Rahmen-Art.-Nr. 92500-4F

DER MONDBÄR
Kreuzstichmuster

Es war einmal ...
Art.-Nr. 2600-3
Rahmen-Art.-Nr. 92600-3

Schlaf gut
- Träume süß
Art.-Nr. 2600-2
Rahmen-Art.-Nr. 92600-2

Aber er ist doch mein bester Freund ...
Art.-Nr. 2600-1
Rahmen-Art.-Nr. 92600-1

ute menze
acufactum

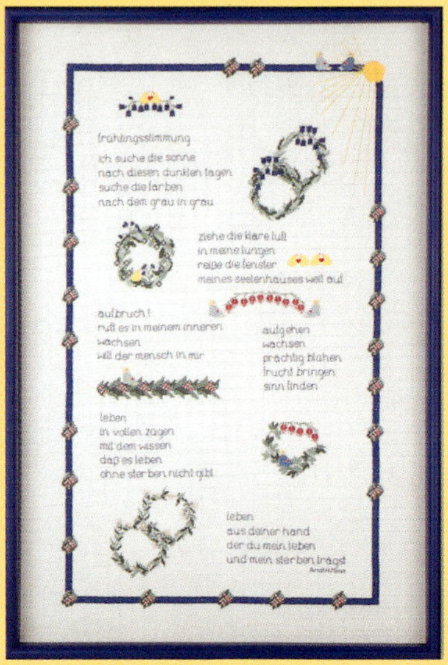

Mustertuch Frühlingstimmung
Art.-Nr. 2325
Rahmen-Art.-Nr. 92325

Mustertuch Sylter Blütentüren
Art.-Nr. 2327
Rahmen-Art.-Nr. 92327